글 • 감수

신타쿠 코지 (新宅 広二) 생태과학연구기구 이사장

1968년에 태어났고, 동물행동학과 교육공학을 전공했다. 우에노 동물원, 다마동물공원 근무를 거쳐 일본 국내외 현지 조사를 포함해 400종 이상 야생 동물의 생태나 사육 방법을 습득했다. 대학과 전문학교에서 20년 이상 교편을 잡았고, 수렵 면허도 가지고 있다. 일본 국내외 자연 다큐멘터리 영화나 과학 방송 등 300작품 이상의 감수를 하였고, 동물원·수족관·박물관 프로듀서 경력도 있다. 동물 도감을 집필하였고, 《놀라운 동물학》의 감수를 보았다. 우리나라에 소개된 책으로는 《세계 동물 스포츠 대회》, 《더 엉뚱한 동물 총집합》 등이 있다.

그림

테즈카 아케미 (てづか あけみ)

1967년 일본 가나가와 현에서 태어나 요코하마에서 자랐다. 일본 아동출판미술가연맹 회원으로, 그래픽 디자인 회사에서 일하다가 1998년부터 프리랜서 일러스트레이터로 활동하고 있다. 서적, 잡지 등에 어학 관련 삽화도 다수 수록하였고, 잡화 등의 일러스트 작업도 하고 있다. 우리나라에 소개된 책으로는 《알수록 신기한 호기심 그림책》, 《지구의 보이지 않는 곳을 들여다보았더니》, 《세계 지도 그림책》, 《세계 나라 사전》 등이 있다.

옮김

권영선

건국대학교 국어국문학과를 졸업하고 일본어 번역, 아동서 기획 및 편집을 하며 아이들의 머릿속과 마음속, 세상 속 궁금증을 풀어 줄 재미있는 책을 만들기 위해 노력하고 있다. 옮긴 책으로는 《알수록 신기한 호기심 그림책》, 《나는 그네가 좋아》, 《나는 미끄럼틀이 좋아》, 《내 친구는 거짓말쟁이》, 《꼬마 원숭이와 떠나는 착한 모험》, 《꼬마 토끼의 두근두근 숲속 모험》 등이 있다.

● 이 책에 나오는 내용 중에는 의견이 분분한 것도 있어요.
● 이 책에서 길이, 속도, 높이, 깊이, 연수 등에 관한 숫자는 대략적으로 표기해 놓았어요.

Originally published in Japan by PIE International

Under the title はじめてのどうぶつえほん
(My first Animal picture book)
© 2021 akemi tezuka / PIE International
Original Japanese Edition Creative Staff:

監修・文　新宅広二
絵　てづかあけみ
デザイン　村田弘子
編集　吉村真樹

Korean translation rights arranged through TOHAN Corporation, Japan

All rights reserved. No part of this publication may be reproduced in any form or by any means, graphic, electronic or mechanical, including photocopying and recording by an information storage and retrieval system, without permission in writing from the publisher.

이 책의 한국어판 저작권은 (주)엔터스코리아를 통해 저작권자와 독점 계약한 내일도맑음에 있습니다.
저작권법에 의하여 한국 내에서 보호를 받는 저작물이므로 무단 전재와 무단 복제를 금합니다.

왜일까? 알수록 신기한 동물 그림책

My First Animal picture book

신타쿠 코지 글·감수
테즈카 아케미 그림
권영선 옮김

내일도맑음

새는 왜 여럿이 함께 모여 나란히 나는 걸까?

그건 바로 각각의 동물이 타고난 감각을 있는 힘껏 사용하며 살아가고 있기 때문이야.

동물의 탄생

지구가 생겨난 것은 46억 년 전.
그때부터 작은 생물이 처음 탄생하기까지
6억 년이나 걸렸어.

생명이 생긴 것은 이때 한 번뿐인데,
그 자손이 여러 가지 모습이 되어 지금도 살아가고 있어.
우리도 그중 하나야.

지구에 있는 동물 친구

왜 동물은 여러 종류가 있는 걸까?
지구는 추운 곳, 더운 곳, 물속 등
여러 장소가 있어.
생물이 거기서 잘 생활하도록 모습이 변했지.
그것을 '진화'라고 해.

빨리 달리기 위한 다리, 나무에 오를 수 있는 손,
헤엄치기 위한 지느러미, 따뜻한 털.
동물의 색이나 모습에는
하나하나 이유가 있지.
지구에는 700만 종의 동물이 있어.

여기저기 돌아다니는
생물을 '동물'이라고 해.
움직이지 않고 땅에 뿌리를 내리고
서 있는 생물은 '식물'이라고 하고.
생물은 숨을 쉬거나, 물을 먹거나, 밥을 먹고서 자라.
그것이 돌멩이와 다른 부분이야.

동물의 아기

알에서 깨어나는 동물이나, 엄마의 배 속에서 자라는 동물 등 아기의 모습도 종류에 따라 달라.

사람 (포유류)

송사리 (어류)

물속에 말랑말랑한 알을 낳아.

개구리 (양서류)

말랑말랑한 알에서 올챙이가 태어나.

올챙이가 자라면 개구리가 되지.

코끼리 (포유류)   돌고래 (포유류)

엄마의 배 속에 아기가 있어.
태어난 후에는 엄마의 젖을 먹으며 자라.

도마뱀 (파충류)

딱딱한 알에서 태어나.

닭 (조류)

엄마가 딱딱한 알을 품어.
알에서는 병아리가 태어나.

동물의 가족

동물의 가족은 인간과 같을까?
인간의 가족과 같은 부분, 다른 부분은 무엇일까?

침팬지 (형제끼리 놀아)

형이나 누나랑
술래잡기를 하고 놀아.

학 (긴 거리를 여행해)

철새라서 가족이 함께 다른 나라를 여행해.

사향뒤쥐 (엄마가 함께 이동해)

엄마와 아이가
함께 외출을 해.

고릴라 (위험할 때 지켜 줘)

고릴라의 아빠는 무슨 일이 있으면 가족을 구해 줘.

박쥐 (함께 잠을 자)

가족이 거꾸로 매달려서 잠을 자.

해달 (함께 잠을 자)

바다에서 떠내려가지 않도록
가족이 손을 잡고 잠을 자.

어른이 되기 위해서

동물은 어른이 되기 위해 무언가를 해.

다람쥐 (겨울을 보낼 준비를 해)

겨울에 대비해 도토리를 모아.
가을에 정말 좋아하는 먹이를 모아 두는 거야.

곰 (자기 구역을 만들어)

숲의 나무에 냄새를 배게 해.
"여기는 내 구역이야!"

개 (인사를 해)

개는 인사를 기억해.
엉덩이 냄새를 서로 맡지.

어른이 되면 색이나 모습이 변하는 동물도 있어.

어른이 되면 색이나 모습이 변하는 동물

황제펭귄

몸의 색이 회색에서 흰색과 검은색으로 변하고, 모양도 크게 달라져.

사자

어른이 되면 수컷은 갈기가 생겨.

침팬지

어릴 때에는 얼굴색이 살구색이지만 어른이 되면 까매져.

멧돼지

태어난 지 얼마 안 된 새끼 멧돼지는 줄무늬가 있어. 반년 정도 지나면 모양이 없어지지.

사슴

0살 때에는 뿔이 없어.
1살에 1개, 2살에 2갈래, 3살에 3갈래, 4살에 4갈래의 멋진 뿔이 되지. 뿔이 있는 건 수컷뿐이야.

동물의 결혼

좋아하는 상대에게 하는 프러포즈 방식도 여러 가지. 생활할 집은 자기들이 직접 만들어.

프러포즈・구애하기

공작새

수컷은 날개를 펼쳐 아름다움을 어필해.

일각고래

수컷이 해수면에 뿔을 내밀고 길이나 훌륭함을 겨루어.

물총새

수컷이 물속에서 잡은 작은 물고기를 암컷에게 선물해.

화해하기

일본원숭이

다투고 나면 상대의 털을 깨끗하게 정리해 줘. 이것을 그루밍이라고 해.

늑대

다투거나 혼나면 입을 핥으며 미안함을 표현해.

■ 보금자리 만들기

비버

물가의 나무를 베어 하천에 댐을 만들어.
물속에 집의 입구를 만들어서 가족이 적에게 공격당하는 것을 막지.

북극곰

암컷이 깊이 쌓인
눈이나 얼음에 구멍을 뚫어 집을 만들어.

까마귀

튼튼한 철사 옷걸이로
둥지를 만드는 경우도 있어.

코끼리

상대와 화해하고 싶을 때에는 코를 휘감아.

동물의 밥

먹이에 따라 입이나 이의 모양이 달라.

■ 입이나 이의 차이 ■

● 포유류의 이는 어디가 다를까? ●

얼룩말
초식 동물은 풀을 앞니로 물어뜯은 다음 어금니로 갈아서 으깨.

사자
육식 동물은 뾰족한 이로 고기나 뼈를 잘게 씹어.

● 새의 부리는 어디가 다를까? ●

펭귄
가장자리가 칼처럼 날카로워서 물고기를 끼워 낚아채.

잉꼬
강력하게 날카로운 부리로 딱딱한 나무 열매를 깨지.

백로
홀쭉하고 끝이 뾰족한 부리로 헤엄치는 물고기를 재빠르게 잡아.

펠리컨
아래쪽 부리에는 물고기를 잡기 위해 늘었다 줄었다 하는 볼주머니가 있어.

● 곤충의 입은 어디가 다를까? ●

메뚜기
입 양쪽에 강력한 큰턱이 있어서 단단한 풀을 잘게 씹을 수가 있어.

사슴벌레
솔 같은 모양의 입으로 수액을 빨아 먹어.

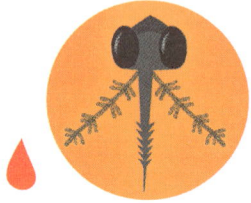

모기
동물의 피 등을 빨아 먹기 위해 빨대 같은 모양의 입을 가졌어.

■ 똥의 차이 ■

코끼리는 1개에 1킬로그램인 똥을 하루에 100개 눠.
기린은 커다란 동물이지만 똥은 작고 양도 적어.
하마는 똥을 물속에서 휘저으며 눠.
사슴의 똥은 작은 콩 같아.
대왕판다의 똥은 초록색인데 냄새가 좋아.
웜뱃의 똥은 주사위처럼 사각형 모양이야.

먹는 방법도 다르고, 먹이를 배설하는 똥도 달라.

■ 먹는 방법의 차이 ■

소
턱을 옆으로 움직이듯이
어금니로 잘 씹은 후에
풀을 삼켜.

호랑이
멧돼지나 사슴 등의
동물을 잡아서
날카로운 이로 물어뜯어 먹어.

고래(혹등고래)
바다에 떠 있는
작은 새우 등을
커다란 입으로 한 번에 먹어.

딱따구리
부리로 나무에 구멍을 뚫어서
안에 있는 벌레를 먹어.
혀가 5센티미터 정도나 되지.

박각시나방
잎사귀를 먹기 쉽게
입을 좌우로
벌리곤 해.

나비
빨대 같은 모양의
입을 늘여
꽃에 꽂아서 꿀을 빨아 먹어.

육지를 달리는 동물, 바다를 헤엄치는 동물, 하늘을 나는 동물 등
지구에는 700만 종의 동물이 살고 있어.

가까이에서 만날 수 있는 동물은 무엇일까?
그럼 여러 동물을 만나러 떠나 보자!

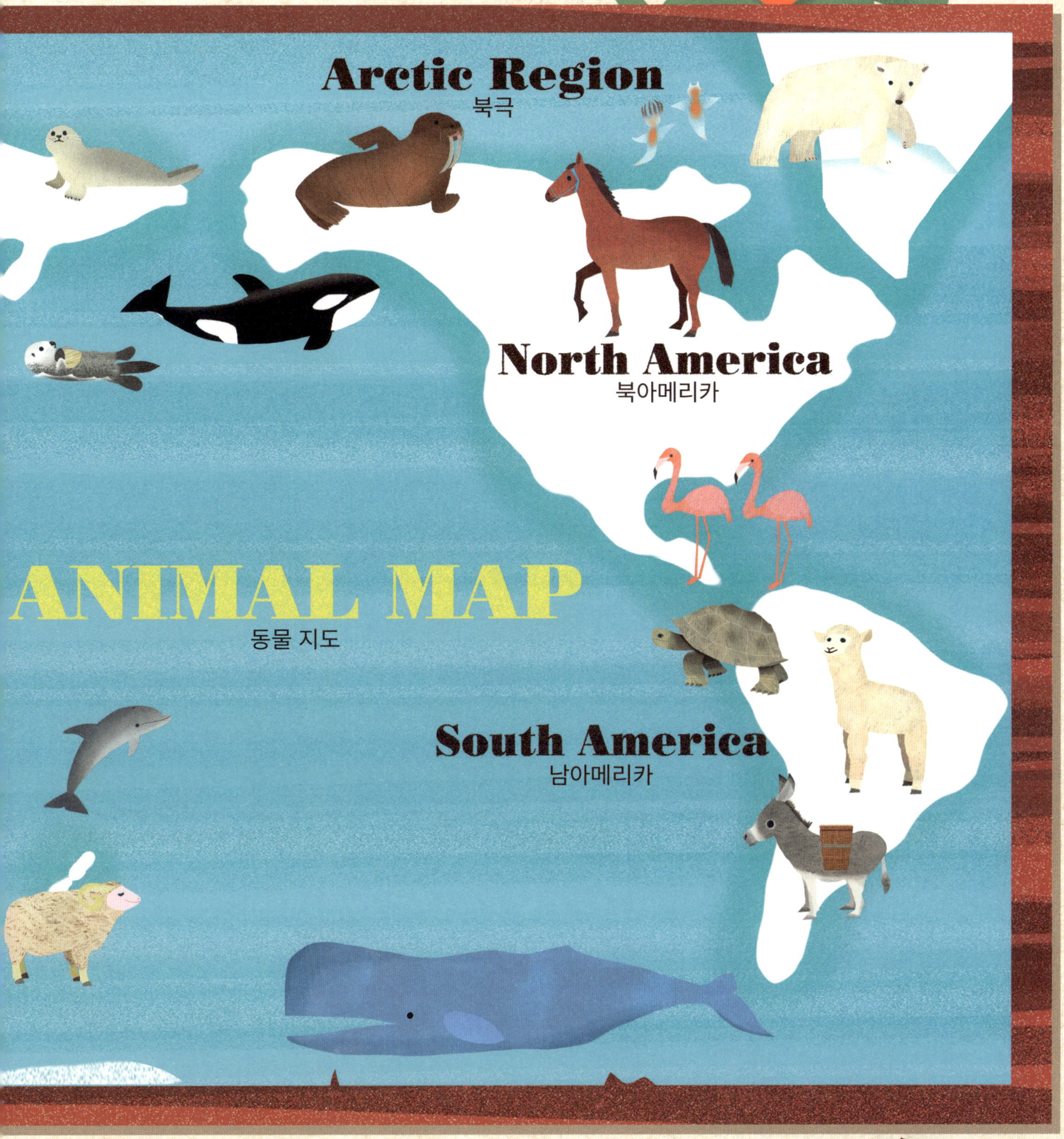

Arctic Region
북극

North America
북아메리카

ANIMAL MAP
동물 지도

South America
남아메리카

입장 →

동물원 1

동물원에는 어떤 동물이 있을까?
어머, 동물들의 소리가 들려오고 있어!
어떤 특색이 있는지 이야기를 들어 봐.

우리는 땅 위에서 제일 크다고! 트럭하고 무게가 비슷하지만 발소리를 내지 않고 조용히 달릴 수가 있어.

코끼리
Elephant

나는 코끼리 다음으로 큰 동물이야! 눈은 별로 좋지 않지만 나팔 같은 귀로 작은 소리도 들을 수가 있어.

코뿔소
Rhinoceros

나는 '흰곰'이라고도 하지. 북극에서는 얼음 위에서 쉬는 바다표범을 덮쳐 잡아먹는데, 얼음이 없는 여름에는 먹이가 없어.

북극곰
Polar bear

나는 대나무를 정말 좋아해.
대왕판다보다 먼저
'판다'라는 이름이 붙여졌어.
하지만 미국너구리과에 속하지.

레서판다
Red panda

나는 땅 위에서 제일
키가 큰 동물이야.
2층 집 정도의 높이라고.
높은 나무의 잎사귀를 먹을 수 있고,
먼 곳의 위험을
빨리 알 수도 있어.

기린
Giraffe

나는 대나무를 좋아해.
똥도 대나무 냄새가 나서
지독하지 않아.
울음소리는 개나 양하고
비슷해.

대왕판다
Giant panda

우리는 낮에는 물속에서 자고,
밤에는 물에서 올라와 풀을 먹으러 가.
고래의 친척일지도 모른대.

하마
Hippopotamus

동물원 2

호랑이 Tiger

나는 더위에 조금 약해서 물에 들어가 쉬는 것을 좋아해. 호랑이의 모양은 풀처럼 보이니까 눈치 채지 못하겠지?

나는 이름에 '말'이 들어가 있기는 해도 사실 당나귀에 가까워. 울음소리도 '히힝'이 아니라 당나귀와 같이 '호헤호헤'라고.

나는 더운 사막에서도 살 수 있어. 등의 혹에는 '지방'이 가득 차 있어. 이것이 물을 대신하기 때문에 며칠씩 물을 마시지 않아도 괜찮아.

얼룩말 Zebra

낙타 Camel

나는 개미만 먹어서 개미핥기라는 이름이 붙여졌어. 이는 없고, 긴 혀를 개미집에 넣어서 개미를 잡아먹어.

개미핥기 Anteater

동물원 3

오랑우탄
Orangutan

고릴라
Gorilla

침팬지
Chimpanzee

맨드릴
Mandrill

나는 겉모습은 무서워도 싸움을 싫어하고, 모두에게 친절해. 고기는 안 먹고, 풀이나 과일을 아주 좋아해.

우리는 하루 종일 나무 위에서 잠을 자. 정말 좋아하는 과일을 가지고 가서 자면서 먹곤 해.

우리는 원숭이과 중에서 가장 아름답지. 얼굴이나 엉덩이 색으로 멋있는 게 정해져. 하지만 암컷은 작고, 아름다운 것은 수컷뿐이야.

우리는 새로운 놀이를 아주 좋아해서 이런저런 도전을 해 보곤 해. 중요한 것은 어른에게 배우지.

코알라
Koala

나는 손톱이 뾰족하기는 해도
싸움에 사용하지는 않아.
높은 나무에 매달려
떨어지지 않도록 할 뿐이야.
울음소리는 '브브'.

나무늘보
Sloth

나는 굉장히 천천히 움직여.
그래서 밥은 잎사귀 한 장이면 충분해.
수영을 무척 잘하지.
천천히 하기는 하지만 말이야.

캥거루
Kangaroo

나는 아기를
배에 달린 주머니에 넣어 길러.
점프가 특기인데,
아기가 주머니에서
떨어지지 않도록 입구가
꼭 닫히게 되어 있어.

미국너구리
Raccoon

나는 먹이를
물에 넣어 씻는 버릇이 있어.

동물원 4

코끼리거북 Giant tortoise

나는 마른 땅 위에서 생활하게 되면서 다리가 코끼리처럼 변했어. 커다랄 뿐만 아니라 오래 살아서 200살이 넘어. 친구도 있다고.

넓적부리황새 Shoebill

나는 보통 아프리카의 물가에서 생활해. 밤에 쌩쌩해져서 낮에는 꼼짝하지 않고 가만히 휴식을 취하곤 해.

악어 Crocodile

나는 무서워 보이지만 평상시에는 얌전해. 몇 달씩 밥을 안 먹어도 괜찮아.

타조 Ostrich

나는 새 중에서 가장 크고, 몸무게가 100킬로그램까지 나가. 그래서 하늘은 날지 못해. 하지만 시속 70킬로미터로 달릴 수가 있다고.

두루미 Crane

나의 긴 부리와 긴 다리는 모든 생물을 잡을 수 있어서 아주 편해. 새 중에서는 장수하는 편이라 50년 정도 살아.

나는 도마뱀류에 속하고,
나무 위에서 느긋하게 생활해.
몸의 색을 주변 색으로 바꿀 수가 있어.
곤충이 다가오면 기다란 혀로 잡을 수도 있지.

카멜레온
Chameleon

나는 호수를 좋아하고,
거기 사는 작은 생물을 먹어.
새끼는 배 속에서 만든 우유를
입에 머금었다가 주며 키우고 있어.

카피바라
Capybara

플라밍고
Flamingo

나는 세상에서
가장 큰 쥐의 종류로,
몸무게가 80킬로그램 정도야.
몸은 커다랗지만,
마음은 쥐와 같이 겁쟁이야.

나는 부리 아래쪽이
고무처럼 늘어나서
물고기를 건져 올려
잡을 수가 있어.

펠리컨
Pelican

나는 새 중에서
가장 화려한 날개를 가지고 있어.
수컷은 자신의 멋진 모습을
과시하기 위해서 꽁지깃을 넓히곤 해.
암컷에게는 커다란 꽁지깃이 없어.

공작새
Peacock

수족관 1

이번에는 세계의 이곳저곳에서 생활하는 동물들이 모인 수족관에 가 보자!

바다사자 Sea lion

나는 손이 물고기의 지느러미처럼 생겨서 빨리 헤엄칠 수가 있어. 새끼는 헤엄을 못 쳐서 매일 수영 연습을 해야 해.

우리가 바다사자와 다른 점은 '헤엄치는 방법'이야. 바다사자는 앞발의 지느러미를 사용하지만, 우리는 뒷발의 지느러미를 사용해 헤엄을 치지.

바다표범 Seal

수달 Otter

나는 족제빗과에 속하지만 강에 살아. 노는 것을 아주 좋아하는 장난꾸러기야.

해달 Sea otter

나도 족제빗과에 속하지만 바다 위에서 잘 수가 있어. 배 위에 조개껍데기를 올려놓고 돌로 탁탁 깨서 먹을 수도 있지.

범고래 Killer whale

우리는 '바다의 갱'이라고 불리며 다들 무서워하지만 가족이나 친구를 무척 소중하게 생각한다고.

수족관 2

해파리
Jellyfish

내 몸은 대부분 물로 이루어져 있어. 헤엄을 잘 못 치기 때문에 독을 물고기에게 쏴서 먹이를 잡아먹어.

나는 3미터가 넘는 아주 큰 물고기야. 복어의 한 종류로, 헤엄을 잘 못 쳐서 천천히 느긋하게 앞으로 나아가.

개복치
Ocean sunfish

우리는 모습이 용의 새끼와 닮았어. 용의 꼬리처럼 생긴 꼬리지느러미를 해초에 칭칭 감은 다음 수컷이 새끼를 낳는다고.

해마
Seahorse

가오리

Stingray

나는 보통 바다 밑바닥에 꼼짝 않고 있어. 그러다 맛있어 보이는 물고기가 눈에 띄면 확 달려들어 배 한가운데에 있는 입으로 잡아먹지.

우리는 강에 사는 물고기 중에서 크기가 가장 커. 아마존 강에서는 커다란 게 4미터가 넘는다고!

피라루쿠
Pirarucu

목장

목장에는 소나 말, 양 등
가까이 다가갈 수 있는 동물이 많아!

말 (서러브레드) — Horse

우리는 발이 가장 빠른 종류의 말이야.
아주 옛날부터 긴 시간에 걸쳐 발가락 수가 줄어서
지금은 가운뎃발가락만 남게 되었어.

양 — Sheep

우리와 염소는 친척이야. 하지만 우리는 턱수염이 없어. 부드럽고 따뜻한 털은 털실이 되면 '울'이라고 불리지.

나는 위가 4개나 있어. 풀을 많이 먹고 맛있는 우유를 만들어. 사람이 젖을 짜서 우유가 되는 거지.

젖소 (홀스타인) — Cow

젖소 (저지) — Cow

우리의 젖은 우유뿐만 아니라 버터나 요구르트 등 맛있는 음식이 되고 있어.

말 (포니) — Pony

우리처럼 작은 말은 포니라고 불려. 우리의 일은 동물원에서 아이들을 태워 주는 거야.

반려동물
사람과 생활하는 생물

우리와 함께 생활하는,

우리의 선조는 늑대야. 사람과 가장 사이가 좋아진 동물이지.

우리는 잉어나 붕어와 같은 종이야. 아주 오래전부터 사람이 길러 왔지.

금붕어
Goldfish

개
Dog

토끼
Rabbit

나는 아주 빨리 뛸 수 있어. 뛰고 난 뒤 몸이 뜨거워지니까 귀에서 열을 빼 몸을 식히기 위해 귀가 커졌어.

우리는 씨앗을 정말 좋아하는 작은 새야. 수컷이 더 수다스럽고, 사람의 말을 기억해서 흉내도 낼 수 있다고.

우리는 부리가 굵고 깃털이 예쁜 외국의 작은 새야. 새끼 때부터 길러 준 사람은 잘 따라서 손에도 오르곤 해.

잉꼬
Parakeet

문조
Java sparrow

가족과 같은 동물들도 있지.

고양이
Cat

나는 두더지와 같은 종이야.
습격을 당하지 않도록
털을 바늘처럼 딱딱하게 만들곤 하지.

우리는 밤에 활발해져.
어두운 곳에서도 잘 볼 수 있게
눈동자가 크고 동그래지지.
낮에는 눈이 부셔서
눈동자가 가늘어져.

고슴도치
Hedgehog

페럿
Ferret

우리는 족제빗과에 속해.
좁은 땅 구멍 속에서도 잘 돌아다니고,
뒤로도 잘 달릴 수 있어.

나는 쥐와 같은 종이야.
해바라기 씨앗을 정말 좋아하지.
씨앗의 껍질을 깨기 위해서
딱딱한 앞니가 있는데,
계속 자라나.

나의 진짜 이름은
'기니피그'야.
꼬리가 없어서
나무에는 잘 못 올라.

햄스터
Hamster

모르모트
Guinea pig

거리의 생물

우리는 남쪽 나라와 한국을 왔다 갔다 해.
봄에 한국에 둥지를 틀고 새끼를 키우지.

제비
Swallow

우리들 집 근처에서 생활하는 동물도 있어.

우리 쥐들은
세계 어느 곳에서든
생활할 수가 있지.

우리는 거리나 논을 정말 좋아하는 작은 새야.
'짹짹'하고 울어.
절대 찾을 수 없는
숨은 곳에 둥지를 만들지.

쥐
Mouse

참새
Sparrow

나비
Butterfly

잠자리
Dragonfly

매미
Cicada

무당벌레
Ladybug

우리는 꽃의 꿀을 아주 좋아해.
꽃에서 꽃으로 날아 빨대처럼
생긴 입으로 달콤한 꿀을
빨아 먹지.

나는 벌레 중에서 가장 빨리
날 수 있어. 날아다니는
작은 벌레를 잡아먹곤 해.

나는 여름에 큰 소리로 우는 벌레야.
우는 것은 수컷뿐. 7년 정도
땅 밑에서 지내다 땅 위로 나와
일주일 정도 지나면 죽어.

우리는 나뭇가지가 있으면
천천히 끝까지 가곤 해.
더 이상 갈 곳이 없을 때 날지.

본 적 있는 동물이 있을까?

까마귀 Crow

우리는 새 중에서 머리가 가장 좋아.
가족에게 싸움이 일어나지 않는지 항상 둘러보곤 해.

우리는 역이나 공원을 좋아하는 새야.
모르는 곳에 가도 반드시 집에 찾아올 수가 있어.

비둘기 Pigeon

우리는 구덩이 파기를 잘해.
땅 위에 입구를 만들어서 땅 밑에서 생활하지.
수영도 잘한다고.

두더지 Mole

우리 중에는
물이 넉넉하지 않아도
괜찮은 개구리도 있어.
사람이 싫어하는
벌레를 먹곤 하지.

개구리 Frog

사마귀 Mantis	개미 Ant	공벌레 Wood louse	달팽이 Snail

우리는 낫처럼 생긴 손으로 작은 벌레를 잡아먹지. 수컷보다 암컷이 더 크고 무섭다고.	우리는 벌레 중에서는 힘이 매우 센 편이야. 자기보다 무거운 것도 옮길 수 있어. 개미는 대부분 암컷이야.	우리는 '벌레'라는 이름이 붙었지만 벌레라기보다는 새우나 게에 가까워. 마른 잎 등을 먹지.	나는 느림보라는 말을 듣지만, 무슨 일이 있으면 껍데기에 쏙 들어가니까 괜찮아. 축축한 곳을 좋아해.

산속의 생물

수컷에게는 멋진 뿔이 있어. 매년 봄에 똑 떨어지고 새로운 뿔이 자라나지.

일본원숭이
Japanese macaque

우리는 원숭이 중에서 가장 추운 곳에서 살고 있어. 밤에는 춥고 무서워서 밀어내기 놀이를 하듯이 착 달라붙어서 잠을 자.

사슴
Deer

산속에서는 어떤 식으로 생활하고 있을까?

나는 나무 안에 벌레가 있는지 부리로 딱딱 두드려서 찾아보거나, 구멍을 뚫거나 해.

딱따구리
Woodpecker

꿩
Pheasant

나는 싸움을 잘해. '꿔엉' 하고 큰 소리로 울지.

나는 나무 타기를 잘하는 쥐의 한 종류야. 볼에 도토리를 넣어 옮기지.

나는 울거나 짖지 않아. 겁쟁이라서 놀라면 죽은 척하며 잠을 자.

다람쥐
Chipmunk

너구리
Raccoon dog

나는 사자처럼 강한 동물이야.
산에서도 빨리 달릴 수 있고, 커다란 엄니도 있어.

멧돼지 Wild boar

우리는 개나 늑대와 같은 종이야.
하지만 고양이처럼 몸집이 작고,
혼자서 생활하고,
점프를 잘해.

여우 Fox

우리는 빛이 나는 벌레야.
수컷은 밤에 잎사귀 위에서
반짝반짝 빛나는 모습을
암컷에게 보여 주고 싶어 하지.

반딧불이 Firefly

장수풍뎅이나 반딧불이 같은 벌레도 있어.

나는 낮에 자고, 밤에 활동해.
어두워도 눈이 잘 보이고,
퍼덕이는 소리도 내지 않아.

올빼미 Owl

우리는 곤충의 왕이야.
싸울 때에는 이 뿔로
상대를 나무에서 떨어뜨리지.

나는 장수풍뎅이의 라이벌로,
자주 싸움을 해.
커다란 턱으로 집어서
휙 내던지지.

장수풍뎅이 Rhinoceros beetle

사슴벌레 Stag beetle

물가의 생물

물가에서는 예쁜 색의 새나,

거북이
Turtle

우리는 물가에서 생활하지만 물고기가 아니라서 중간중간 물 밖으로 얼굴을 내밀어 숨을 쉬지. 겨울에는 추워서 봄까지 땅속에서 잠을 자.

물총새
Kingfisher

나는 '하늘을 나는 보석'이라고 불릴 만큼 깃털 색이 예쁘지.
연못이나 강 등에 뛰어들어 물고기를 잡아먹어.

오리
Mallard

나는 깨끗한 강에 사는 연어과에 속해.
어른이 되면 수컷은 무지개처럼 반짝반짝 빛나서 그것을 암컷에게 보여 주지.

우리는 물에 뜰 수 있게 부리를 사용해 엉덩이에서 나오는 기름을 깃털에 바르곤 해.

무지개송어
Rainbow trout

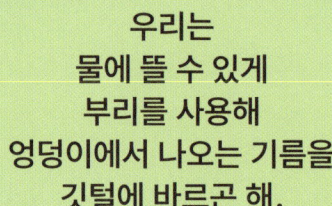

여러 가지 크기의 물고기가 생활하고 있어.

백조
Swan

나는 외국과 한국을 왔다 갔다 하는 철새야. 기러기와 같은 종이지.

가마우지
Cormorant

나는 물속에 잠수를 해서 물고기를 잡는 기술이 뛰어나.

우리는 등지느러미가 삼각형인 게 암컷이야. 작은 알을 10개 낳지.

송사리
Ricefish

가재
Crawfish

우리는 강이나 연못에 살아. 새우나 게와 같은 종이지. 수컷의 집게발이 더 크고, 싸움을 할 때 사용해.

나는 흰색이라서 '백로'라고도 해. 다리가 길어서 물속에 척척 들어갈 수가 있다고.

왜가리
Egret

잉어
Carp

우리는 입에 수염이 쪼르르 나 있어. 진흙 속의 먹이를 찾을 때 편리하다고.

바닷속의 생물

깜짝 놀랄 만큼 큰 고래나,

소라게 Hermit crab

나는 바다에서 가장 무섭고 커.
'조스'라고도 불리지.
헤엄치는 걸 멈추면 숨 쉬기가 힘들어져.

우리는 새우와 같은 종이야.
바다에서 조개껍데기를 찾아
그 속에 들어가 살지.

상어 Shark

우리는 바다를 헤엄치는
아주 큰 물고기야.
하지만 모래알처럼
작은 알에서 태어나지.

나는 문어의 친척이야.
문어와 다른 점은
다리가 10개라는 거야.
도망칠 때에는 검은 먹을 뿜어
모습을 감추지.

참치 Tuna

오징어 Squid

나는 깊고 어두운
바닷속에서 살아.
초롱불 같은 빛을 사용해
물고기를 유인해서 잡아먹지.

우리는 지구에서
가장 큰 생물이야.
사람처럼 새끼는
젖을 먹고 자라지.

초롱아귀 Atlantic footballfish

몸이 부풀어 오르는 복어 등 바다에는 재미있는 동물이 많이 살아!

게
Crab

갈매기
Gull

나는 새우의 친척이야.
새우와 달리 옆으로만 걸을 수가 있어.
하지만 좁은 곳에 들어갈 수가 있어서
아주 잘 도망치지.

복어
Puffer

우리는 화가 나면
바닷물을 마시고
몸을 크게 부풀리지.
그러면 습격을 당해도
입에 안 들어가거든.

우리는
바다를 아주 좋아하는 새야.
바닷바람을 이용하면
날개를 별로 펄럭펄럭
움직이지 않아도 된다고.

내 몸에는
뼈가 없어.
다리는 8개이고,
모두가 머리라고
생각하는 부분은
사실 배야.

문어
Octopus

우리는, 앞으로는
천천히 가지만,
뒤로는 허리를 굽혀서
눈에 띄지 않을 만큼 빠르게
도망갈 수 있다고.

새우
Shrimp

고래
Whale

대단한 동물

가장 큰 동물이나, 가장 발이 빠른 동물은 무엇일까?

1 무겁다.
지구에서 가장 무겁다.
대왕고래(150톤, 25미터)

육지에 사는 동물 중에서 가장 무겁다.
코끼리(7톤)

1 크다.
지구에서 가장 크다.
기린(4미터)

1 가볍다.
새 중에서 가장 가볍다.
벌새(2그램, 4센티미터)

1 빠르다.
바다를 헤엄치는 동물 중에서 가장 빠르다.
돛새치(시속 100킬로미터)

육지에 사는 동물 중에서 가장 빠르다.
치타(시속 120킬로미터)

사람과 비교하면 깜짝 놀랄걸!

추위에 강한 **북극곰**
(-50도에서도 살 수 있다.)

춥다. **덥다.**

더위에 강한 **낙타**
(사막에서 일주일간 물을 안 마셔도 괜찮다.)

하늘을 나는 동물 중에서 가장 빠르다.
매(시속 300킬로미터)

황제펭귄(깊이 600미터)

아귀(깊이 800미터)

대왕오징어(깊이 1000미터)

바다코끼리(깊이 2000미터)

① 포유류 중에서 가장 깊이 잠수한다.

말향고래(깊이 3000미터)

생명의 끝 (동물의 수명)

어떤 동물이든 수명의 길이와 상관없이 열심히 살아가고 있어.

모기
알에서 성충이 되기까지의 수명이 **17일**.
성충으로 있는 기간은 **7일**.

모르모트
lifetime
4년

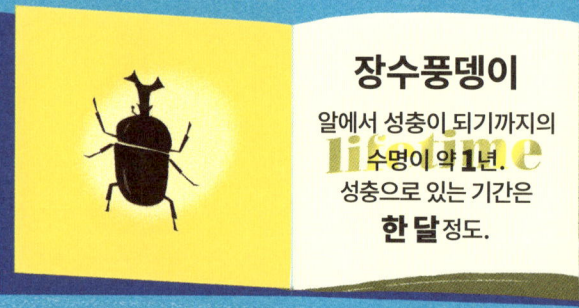

장수풍뎅이
알에서 성충이 되기까지의 수명이 약 **1년**.
성충으로 있는 기간은 **한 달** 정도.

매미
알에서 성충이 되기까지의 수명이 **7년**.
성충으로 있는 기간은 **일주일** 정도.

쥐
lifetime
2년

토끼
lifetime
7년

참새
lifetime
4년

개
lifetime
12년

왜 죽는 걸까?

자연 속에서 살아가는 동물들은 더위나 추위, 굶주림으로 인해 죽음을 맞이하고 있어.
산에서 떨어져 크게 다치거나, 병에 걸려 죽는 경우도 있지.
코끼리나 고래처럼 오래 사는 동물은 새끼를 많이 낳지 않는 대신 다 자랄 때까지 부모가 돌봐 주고 있어.
그다지 오래 살지 않는 물고기나 곤충은 알을 많이 낳고 키우지는 않아.
동물들은 너무 많아지거나, 너무 적어지지 않게 여러 궁리를 하고 있어.

 고양이 lifetime **13년**

남생이 lifetime **30년**

 사자 lifetime **15년**

 코끼리 lifetime **70년**

 소 lifetime **20년**

 고래 lifetime **100년**

 말 lifetime **25년**

 코끼리거북 lifetime **200년**

깜빡 잊기 쉽지만, 인간도 동물이지.
20만 년 정도 전에 아프리카에서 태어난 원숭이와 같은 종이야.
인간은 다른 동물과 어디가 다른 걸까?

두 다리로 서서 걸을 수가 있어.
다른 동물처럼 털이 많지도 않지.
어려움에 처한 사람이나 동물을 도와주려고도 해.

괴로운 일이나 슬픈 일도 많이 있지만,
언제든 새롭고 멋진 세상을 만들 수 있는 것이
인간 아닐까?

그런 우리 인간이
다른 동물들을 보고 깨닫게 되는 게 있어.
지금 이 순간을 마음껏 즐기는 모습은 무엇보다도 훌륭하지.

| 감수자의 말

이 책을 만들 때에는 마침 무서운 역병이 전 세계에 만연해 있었습니다. 아무것도 아닌 평범한 생활이 얼마나 행복하고 소중한 것인지를 뼈저리게 느끼게 되었습니다.

인간은 대화로 자신의 기분을 전하고, 서로의 표정을 읽고, 접촉을 통해 온기를 느끼고, 정을 나누며 모든 것을 '행복'으로 바꿔 나가는 동물입니다. 만약 이런 것들을 차단당하면 인간다움을 잃어버릴지도 모릅니다.

부디 이 그림책을 통해 의문점이나 감동을 아이들과 공유해 함께 호기심을 느끼고, 함께 무언가를 발견해 주셨으면 합니다. 반복해서, 몇 번씩 읽어도 좋을 것입니다. 그런 시간이 아이가 크게 성장했을 때 문득 '행복'을 느낀 순간으로 바뀔 것입니다. 추억을 소중히 간직할 수 있는 것은 지금 이 순간, 동물 중에 인간밖에 없습니다.

신타쿠 코지(동물행동학자)

일러두기 | 한국어판에는 국내 실정에 맞춰 원서와 다르게 편집된 부분이 있습니다.

알수록 신기한 동물 그림책
My First Animal picture book

1판 1쇄 인쇄 2022년 5월 20일
1판 1쇄 발행 2022년 5월 31일

글·감수 신타쿠 코지
그림 테즈카 아케미
펴낸이 권영선

펴낸곳 내일도맑음
등록 2020년 9월 17일 제2020-000104호
주소 서울시 성동구 왕십리로 31길 9-50
전화 070-8151-0402 **팩스** 02-6305-7115
이메일 flywriter@naver.com

ⓒ 내일도맑음 2022 Printed in korea.

ISBN 979-11-973821-7-8 (77490)

값은 뒤표지에 있습니다.
잘못 만들어진 책은 구입처에서 교환해 드립니다.